SCHRIFTENREIHE DER FORSCHUNGSGESELLSCHAFT
FÜR DEN WOHNUNGSBAU IM ÖIAV, WIEN

Heft 14/1

Baurechtliche Vorschriften des Wohnungsbaues in Österreich

Verfassungsrechtliche Grundlagen — Gesetze

Von Rat des VwGH. Dr. Friedrich Krzizek

SPRINGER-VERLAG WIEN GMBH

Die Forschungsgesellschaft für den Wohnungsbau im ÖIAV Wien stellt die vorliegenden Ausführungen, welche eine Ansicht des Verfassers darstellen, zur Diskussion, ohne sich mit diesen zu identifizieren

Sonderdruck aus Monographie 3/1958

Ursprünglich erschienen bei Forschungsgesellschaft für den Wohnungsbau, Wien I, Eschenbachgasse 9 1959

ISBN 978-3-7091-4671-2 ISBN 978-3-7091-4823-5 (eBook)
DOI 10.1007/978-3-7091-4823-5

DIE BAURECHTLICHEN VORSCHRIFTEN DES WOHNUNGSBAUES IN ÖSTERREICH

Referent: Rat des Verwaltungsgerichtshofes Dr. Friedrich Krzizek

A. Raum- und Landesplanung[1])

a) Die verfassungsrechtlichen Grundlagen

Durch die auf Grund des § 1 Abs. 2 Rechts-Überleitungsgesetz (StGBl. Nr. 6/1945) erlassene Kundmachung der provisorischen Staatsregierung vom 20. Juli 1945, StGBl. Nr. 93, wurden die durch die Verordnung vom 14. April 1938, DRGBl. 1 S. 392 (ö. GBl. Nr. 85/1938), in Österreich eingeführten deutschen Rechtsvorschriften über die Reichsplanung und Raumordnung als aufgehoben festgestellt.

Die derzeitige verfassungsrechtliche Situation auf dem Gebiete der Raum- und Landesplanung ist in dem Erkenntnis des Verfassungsgerichtshofes vom 23. Juni 1954, Zl. K II—2/54, dargestellt. In diesem auf Grund des Art. 138 Abs. 2 B-VG ergangenen Erkenntnis hat der Verfassungsgerichtshof folgenden Rechtssatz aufgestellt:

„Die planmäßige und vorausschauende Gesamtgestaltung eines bestimmten Gebietes in bezug auf seine Verbauung, insbesondere für Wohn- und Industriezwecke einerseits und für die Erhaltung im wesentlichen unbebauter Flächen andrerseits (Landesplanung — Raumordnung), ist nach Art. 15 Abs. 1 B-VG in der Fassung von 1929 in Gesetzgebung und Vollziehung insoweit Landessache, als nicht etwa einzelne dieser Maßnahmen, wie insbesondere solche auf dem Gebiete des Eisenbahnwesens, des Bergwesens, des Forstwesens und des Wasserrechtes, nach Art. 10 bis 12 B-VG in der Fassung von 1929 der Gesetzgebung oder auch der Vollziehung des *Bundes* ausdrücklich vorbehalten sind."

Diese Einschränkung in der Zuständigkeit der Länder auf dem Gebiete der Raum- und Landesplanung ergibt sich aus der Besonderheit des Kompetenztatbestandes. Denn „ein besonderer Kompetenztatbestand ‚Raumordnung', der gemäß Art. 15 Abs. 1 B-VG in die Zu-

[1]) Die Terminologie auf dem Gebiete der Raum- und Landesplanung ist nicht einheitlich. Eine einheitliche Terminologie wäre zur Vermeidung von Mißverständen auf den gesamten deutschen Sprachraum wünschenswert. In dieser Arbeit wurde jedoch bei Zitaten die Terminologie des Verfassungsgerichtshofes und des Verwaltungsgerichtshofes beibehalten.

ständigkeit der Länder fallen würde und aus dieser generellen Zuständigkeit herausgeschält werden könnte, besteht nicht. Es handelt sich bei dieser Sache keineswegs um eine neue, erst nach der Schaffung der Kompetenzartikel der Bundesverfassung entstandene Materie. Denn Raumordnung ist keine für sich bestehende Verwaltungsmaterie, sondern, vom verfassungsrechtlichen Standpunkte betrachtet, ein komplexer Begriff, der alle Tätigkeiten umfaßt, die auf den einzelnen Verwaltungsgebieten der vorsorgenden Planung einer möglichst zweckentsprechenden räumlichen Verteilung von Anlagen und Einrichtungen dienen. Die Zuständigkeit zu dieser raumordnenden Tätigkeit ergibt sich als Ausfluß der Zuständigkeit zur Regelung der betreffenden Verwaltungsmaterie überhaupt. Es können daher sowohl der Bund als auch die Länder raumordnende Tätigkeiten entfalten, jede dieser Autoritäten jedoch immer nur auf Gebieten, die nach der Kompetenzverteilung der Bundesverfassung in ihre Zuständigkeit fallen." (Aus dem vorangeführten Erkenntnis des Verfassungsgerichtshofes.)

Eine Einschränkung der Zuständigkeit der Länder auf dem Gebiete der Raum- und Landesplanung ergibt sich aber nicht nur durch die oben dargestellte Zuständigkeit des Bundes auf diesem Gebiete, sondern auch durch den verfassungsgesetzlich gewährleisteten selbständigen Wirkungsbereich der *Gemeinden* zufolge § 8 Abs. 5 lit. f Verfassungs-Übergangsgesetz 1920. Durch diese Verfassungsbestimmung wurde nämlich verfügt, daß Änderungen in den die Rechtsverhältnisse der Ortsgemeinden regelnden Gesetzen bis zur Erlassung des Bundesverfassungsgesetzes über die Organisation der allgemeinen staatlichen Verwaltung in den Ländern durch die Landesgesetzgebung nur insoweit vorgenommen werden können, als hiedurch die in dieser Gesetzesstelle angeführten Artikel des Reichsgemeindegesetzes vom 5. März 1862, RGBl. Nr. 18, enthaltenden grundsätzlichen Bestimmungen zur Regelung des Gemeindewesens nicht berührt werden. Zu diesen Artikeln gehört auch Art. V über den selbständigen Wirkungsbereich der Gemeinden. Nach Ziffer 9 dieses Artikels gehört zum selbständigen Wirkungsbereich der Gemeinden „die Bau- und die Feuerpolizei, die Handhabung der Bauordnung und Erteilung der polizeilichen Baubewilligungen". Ein Teil der Baupolizei ist die Erstellung des Regulierungsplanes. Soweit daher den Gemeinden am 1. Oktober 1925, dem Tag des Inkrafttretens der Kompetenzbestimmungen der Bundesverfassung, das Recht zur Ordnung des Gemeinderaumes durch Aufstellung oder Abänderung von Regulierungsplänen (Flächenwidmungs- und Bebauungsplänen) zustand, darf ihnen dieses Recht durch ein Landesraumordnungsgesetz nicht entzogen oder eingeschränkt werden.

b) Bestehende Landesplanungs- (Raumordnungs-) Gesetze

Durch die Verordnung vom 28. Februar 1939, DRGBl. I S. 382 (ö. GBl. Nr. 526/1939), wurde in Österreich das *Wohnsiedlungsgesetz* vom 22. September 1933, DRGBl. I S. 659 (in der Fassung des Gesetzes vom 27. September 1938, DRGBl. I S. 1246, und der Verordnung vom 28. Februar 1939, DRGBl. I S. 382), eingeführt. Nach § 1 Abs. 1 dieses Gesetzes kann die oberste Landesbehörde (nunmehr Landesregierung) Gebiete, in denen eine starke Wohnsiedlungstätigkeit besteht oder zu erwarten ist, zu Wohnsiedlungsgebieten erklären, wenn anzunehmen ist, daß ohne besondere Ordnung der Besiedlung das allgemeine Interesse oder das Wohl der Siedler beeinträchtigt würde. Wird ein Gebiet zum Wohnsiedlungsgebiet erklärt, so muß nach § 2 leg. cit. ein Plan aufgestellt werden, der die geordnete Nutzung des Bodens insbesondere im Hinblick auf die Erfordernisse der Land- und Forstwirtschaft und der Industrie, des Verkehrs, der Bebauung (des Luftschutzes), der Erholung und des Schutzes des Heimatbildes, in den Grundzügen regelt (Wirtschaftsplan). Diesem Wirtschaftsplan kommt die Funktion eines Flächenwirdmungsplanes zu. Die nach den Bestimmungen der Landesbauordnungen aufgestellten Bebauungspläne sind nicht als Wirtschaftspläne im Sinne des § 2 Wohnsiedlungsgesetz anzusehen (Erkenntnis des Verwaltungsgerichtshofes vom 26. Februar 1952, Slg. N. F. Nr. 2461/A). Der Unterschied zwischen Flächenwidmungsplan und Bebauungsplan besteht darin, daß der Flächenwidmungsplan in großen Zügen darstellt, wie die Flächen des Plangebietes zu nutzen sind (ob als Grünland, Bauland oder für Verkehrszwecke), während der Bebauungsplan darüber Auskunft gibt, wo und wie innerhalb des Baulandes gebaut werden darf. Das Wohnsiedlungsgesetz ist seit dem Wiederinkrafttreten der Kompetenzartikel des Bundesverfassungsgesetzes ein Landesgesetz. Es sind daher auch derzeit die Landesregierungen noch ermächtigt, bei Vorliegen der im § 1 Wohnsiedlungsgesetz angeführten Voraussetzungen Gebiete zu Wohnsiedlungsgebieten zu erklären. Das Wohnsiedlungsgesetz wird zurzeit besonders in den Bundesländern Niederösterreich,

Kärnten, Steiermark und Tirol angewendet; Salzburg, Vorarlberg und Wien haben es bereits außer Kraft gesetzt. Mit dem Wohnsiedlungsgesetz wurde auch die Ausführungsverordnung hiezu, Verordnung vom 25. Februar 1935, DRGBl. I S. 292, in Österreich eingeführt.

Städtebauliche und daher auch Raumordnungsbestimmungen enthält ferner das *Gesetz über einstweilige Maßnahmen zur Ordnung des deutschen Siedlungswesens* vom 3. Juli 1934, DRGBl. I S. 568, eingeführt in Österreich durch die Verordnung vom 28. Februar 1939, DRGBl. I S. 382 (ö. GBl. Nr. 526/1939). Nach der in Österreich gleichfalls eingeführten Durchführungsverordnung zu diesem Gesetz ist die Errichtung oder Niederlegung bestimmter, in der Verordnung näher bezeichneter Baulichkeiten der Behörde anzuzeigen, die die geplante Maßnahme untersagen kann. Übertretungen einer solchen Anordnung sind strafbar.

Nach dem *Gesetz über die Regelung der Bebauung* vom 15. Februar 1936, DRGBl. I S. 104 (eingeführt in Österreich auf Grund der Verordnung vom 28. Februar 1939, DRGBl. I S. 382 — ö. GBl. Nr. 526/1939), können durch Baupolizeiverordnung Kleinsiedlungsgebiete, Wohngebiete, Geschäftsgebiete und Gewerbegebiete als Baugebiete ausgewiesen werden. Für Bauführungen außerhalb der Baugebiete kann die Genehmigung versagt werden.

Weitgehende Eingriffsmöglichkeiten in das Grundeigentum ergeben sich auf Grund des *Gesetzes über die Neugestaltung deutscher Städte* vom 4. Oktober 1937, DRGBl. I S. 1054, eingeführt in Österreich auf Grund der Verordnung vom 27. April 1939, DRGBl. I S. 878 (ö. GBl. Nr. 712/1939). Voraussetzung für die Anwendbarkeit dieses Gesetzes ist, daß eine Stadt oder das Gebiet einer Stadt zum sogenannten Bereich erklärt wird. Bereiche wurden für die Städte Graz, Linz, Salzburg, Innsbruck und Wien bestimmt. Für Oberösterreich, Salzburg und Wien wurde dieses Gesetz durch Landesgesetz außer Kraft gesetzt.

Städtebauliche Maßnahmen können auch auf Grund der Verordnung *über Baugestaltung* vom 10. November 1936, DRGBl. I S. 938, eingeführt in Österreich auf Grund der Verordnung vom 28. Februar 1939, DRGBl. I S. 382 (ö. GBl. Nr. 526/1939), getroffen werden. Nach dieser, heute als Landesgesetz zu wertenden Verordnung sind Bauanlagen und Änderungen so auszuführen, daß sie Ausdruck anständiger Baugesinnung und werkgerechter Durchbildung sind und sich der Umgebung einwandfrei einfügen. Zur Verwirklichung dieser Ziele können durch Ortssatzung oder Baupolizeiverordnung (Flächenwidmungs- oder Bebauungspläne) für die Errichtung oder Änderung bestehender Bauanlagen besondere Anforderungen gestellt werden. Solche Anforderungen können sich vor allem auf die Lage und Stellung der baulichen Anlagen, die Gestaltung des Baukörpers und die äußerlich sichtbaren Bauteile sowie die Gestaltung der Grundstückseinfriedungen beziehen. Solange bei einem Bauvorhaben diesen Vorschriften nicht Rechnung getragen ist, kann die baupolizeiliche Genehmigung versagt werden.

Von diesen dem deutschen Rechtskreis entstammenden Vorschriften auf dem Gebiete der Raumordnung kommt zurzeit nur mehr dem Wohnsiedlungsgesetz in einigen Bundesländern größere Bedeutung zu. Raumordnende Bestimmungen enthalten aber alle österreichische Bauordnungen, die vorsehen, das Flächenwidmungspläne und Bebauungspläne aufzustellen sind. Zuständig zur Aufstellung oder Abänderung von Flächenwidmungs- und Bebauungsplänen ist grundsätzlich der Gemeinderat. Nach einzelnen Bauordnungen bedürfen solche Beschlüsse der Genehmigung der Bezirksverwaltungsbehörde oder der Landesregierung. Beschlüsse der Gemeinden über die Aufstellung oder Abänderung der Flächenwidmungs- und Bebauungspläne (Regulierungsbeschlüsse) sind nach der ständigen Rechtssprechung des Verfassungsgerichtshofes (vgl. das Erkenntnis vom 14. Oktober 1953, Slg. Nr. 2584) und des Verwaltungsgerichtshofes (vgl. das Erkenntnis vom 3. Oktober 1951, Slg. N.F. Nr. 2258/A) generelle, auf der Stufe einer Verordnung stehende Verwaltungsakte. Sie können daher wie jede Verordnung wegen Gesetzwidrigkeit beim Verfassungsgerichtshof angefochten werden. Die Gesetzwidrigkeit der Regulierungsbeschlüsse kann insbesondere darin gelegen sein, daß ein bestehender Flächenwidmungsplan oder Bebauungsplan zum Nachteil der Grundeigentümer abgeändert wird, ohne daß die gesetzlichen Voraussetzungen für eine solche Änderung gegeben sind. Die Möglichkeit der Anfechtung ergibt sich für den Grundeigentümer dann, wenn ein Bauansuchen oder ein Ansuchen um Grundabteilung unter Hinweis auf den geänderten Flächenwidmungs- oder Bebauungsplan abgelehnt wird. Gegen diesen ablehnenden Bescheid kann der Eigentümer die Beschwerde an den Verwaltungsgerichtshof erheben, der bei der Prüfung der Rechtswidrigkeit des angefochtenen Bescheides von Amts wegen zu prüfen hat, ob der als Verordnung zu wertende Regulierungsbeschluß gesetzmäßig ist, und bei Bedenken in dieser Richtung den Regulierungsbeschluß auf seine Gesetzmäßigkeit beim Verfassungsgerichtshof überprüfen lassen kann. Der Grundeigentümer kann aber auch unmittelbar den Verfassungsgerichtshof anrufen, indem er behauptet, in dem verfassungsgesetzlich gewährleisteten Eigentumsrecht durch den auf Grund des gesetzwidrigen Regulierungsbeschlusses ergangenen abweislichen Bescheid verletzt zu sein.

Ein *Raumordnungsgesetz* hat bisher nur das Bundesland Salzburg erlassen (Gesetz vom 13. April 1956, LGBl. Nr. 19, über die Raumordnung). Das Gesetz unterscheidet zwischen Entwicklungsplänen und Flächenwidmungsplänen. Die Entwicklungspläne werden von der Landesregierung — Landesplanung — aufgestellt und umfassen das Gebiet des ganzen Bundeslandes oder eines Teiles desselben. Entwicklungspläne können für verbindlich erklärt werden. Die Verbindlicherklärung hat die Wirkung, daß Bewilligungen (insbesondere Baubewilligungen und Abteilungsbewilligungen), die den Entwicklungsplänen widersprechen, nicht erteilt werden dürfen. Die Flächenwidmungspläne regeln die Art der Bodennutzung des Gemeindegebietes oder eines Teiles desselben; verbindlich erklärte Entwicklungspläne sind zu berücksichtigen. Als Nutzungsarten kommen Bauland, Verkehrsflächen und Grünland in Betracht. Flächenwidmungspläne haben die Wirkung, daß die Genehmigung der Abteilung eines Grundes oder die Bewilligung von Hochbauten nicht erteilt werden kann, wenn sie mit dem Flächenwidmungsplan nicht in Übereinstimmung stehen. Für Vermögensnachteile, die dem Grundeigentümer durch für verbindlich erklärte Entwicklungspläne oder durch Flächenwidmungspläne entstehen, wird Entschädigung im Verwaltungsverfahren gewährt.

B. Die Bauordnungen

a) Die verfassungsrechtlichen Grundlagen

Die Angelegenheiten des Bauwesens sind zufolge der Generalkompetenz des Art. 15 Abs. 1 B-VG nach Gesetzgebung und Vollziehung grundsätzlich Landessache. Zum Bauwesen gehören alle Vorschriften, die bestimmen, wo und wie gebaut werden darf. Zum Bauwesen gehören daher auch die Vorschriften über die Raumordnung (Landesplanung), soweit eine Planungsmaßnahme nicht infolge ihres Zusammenhanges mit einer anderen Materie Bundessache ist (siehe hierüber: Raum- und

Landesplanung, die verfassungsrechtlichen Grundlagen) und die Vorschriften über die Grundabteilung und die Bauplatzschaffung. Zufolge Art. 15 Abs. 9 B-VG sind die Länder im Bereiche des Bauwesens auch befugt, die zur Regelung des Gegenstandes erforderlichen Bestimmungen auf dem Gebiete des Straf- und Zivilrechtes zu treffen; Voraussetzung für diese Regelung ist allerdings, daß die zivil- und strafrechtliche Bestimmung in einer unerläßlichen Verbindung mit der in die Regelung der Landesgesetzgebung fallenden Hauptmaterie stehen (Erkenntnis des Verfassungsgerichtshofes Slg. Nr. 528).

Von dieser grundsätzlichen Zuständigkeit der Länder auf dem Gebiete des Bauwesens bestehen jedoch Ausnahmen:

a) Zufolge Art. 10 Abs. 1 Z. 6 B-VG ist die Enteignung zu Zwecken der *Assanierung* nach Gesetzgebung und Vollziehung Bundessache. Auf Grund dieses Kompetenztatbestandes ist das Bundesgesetz vom 14. Juni 1929, BGBl. Nr. 202, betreffend die Enteignung zu Wohn- und Assanierungszwecken, ergangen. Da dieses Gesetz auch Bestimmungen enthält, die nicht mehr dem oben angeführten Kompetenztatbestand unterstellt werden können, ist die Bestimmung des § 9 leg. cit., derzufolge die Vollziehung dieses Gesetzes Bundessache ist, eine Verfassungsbestimmung.

b) Zufolge Art. 10 Abs. 1 Z. 13 B-VG sind alle Angelegenheiten der *Bundestheater*, worin jedoch die Bestimmung der Baulinie und des Niveaus sowie die baubehördliche Behandlung von Herstellungen, die das äußere Ansehen der Theatergebäude betreffen, nicht inbegriffen sind, gleichfalls Bundessache nach Gesetzgebung und Vollziehung.

c) Zufolge Art. 11 Abs. 1 Z. 3 B-VG sind die Angelegenheiten des *Volkswohnungswesens* Bundessache in Gesetzgebung und Landessache in Vollziehung. Zu den Angelegenheiten des Volkswohnungswesens gehören alle Vorschriften, die der Förderung der Errichtung von Klein- und Mittelwohnungen und solche Wohnungen enthaltender städtischer Siedlungen dienen, einschließlich der entsprechenden Enteignungsbestimmungen (Erkenntnis des Verfassungsgerichtshofes vom 13. Oktober 1951 Slg. Nr. 22/7). Die bautechnische Behandlung solcher Bauführungen ist jedoch durch den Kompetenztatbestand Volkswohnungswesen nicht erfaßt. Auf Grund dieses Kompetenztatbestandes wurden das Wohnbauförderungsgesetz 1954, Gesetz vom 7. Juli 1954, BGBl. Nr. 153, und die entsprechenden Ausführungsgesetze der Länder erlassen.

d) Zufolge Art. 15 Abs. 5 B-VG fallen Akte der Vollziehung, soweit diese in Bausachen *bundeseigene Gebäude* betreffen, die öffentlichen Zwecken, wie der Unterbringung von Behörden und Ämtern des Bundes oder von öffentlichen Anstalten — darunter auch Schulen und Spitälern —, oder der kasernenmäßigen Unterbringung von Heeresangehörigen oder sonstigen Bundesangestellten dienen, in die mittelbare Bundesverwaltung; der Instanzenzug geht daher bis zum zuständigen Bundesminister. Die Bestimmung der Baulinie und des Niveaus fällt jedoch auch in diesen Fällen in die Vollziehung des Landes. Wo nach landesgesetzlichen Bestimmungen kollegial eingerichtete Bauoberbehörden bestehen, kann der Landeshauptmann zufolge § 11 Verfassungs-Übergangsgesetz 1929 (BGBl. Nr. 393/1929) vor Erlassung eines nach Art. 15 Abs. 5 B-VG in die mittelbare Bundesverwaltung fallenden Bescheides ein Gutachten dieser Bauoberbehörde einholen. Solche Bauoberbehörden bestehen derzeit nur in Wien nach § 138 der Bauordnung für Wien, LGBl. für Wien Nr. 11/1930.

e) Neben diesen kraft ausdrücklicher verfassungsgesetzlicher Bestimmung vorgesehenen Ausnahmen von der Generalkompetenz der Länder auf dem Gebiete des Bauwesens bestehen aber auch noch andere Ausnahmen, und zwar im Bereiche des *Bergwesens* und des *Verkehrswesens* bezüglich der Eisenbahnen, der Schiffahrt und der Luftfahrt. In allen Fällen nämlich, in denen das Bundesverfassungsgesetz einen Kompetenztatbestand dadurch umschreibt, daß es dem eine bestimmte Materie bezeichnenden Ausdruck das Wort „Wesen“ anfügt, hebt es damit das gesamte betreffende Verwaltungsgebiet aus der generellen Länderkompetenz heraus (Erkenntnis des Verfassungsgerichtshofes vom 5. Oktober 1951, Slg. Nr. 2192). Ein ähnlicher Gedanke liegt auch dem Erkenntnis des gleichen Gerichtshofes vom 25. Juni 1954, Slg. Nr. 2685 zugrunde. Aus dieser verfassungsrechtlichen Situation hat das Berggesetz (BGBl. Nr. 73/1954) die entsprechenden Folgerungen gezogen und im § 79 lit. e bestimmt, daß die Bergwerksberechtigung (Bergwerksmaße) berechtigt, für Zwecke des eigenen Bergwerksbetriebes insbesondere auch die zur Unterkunft der Dienstnehmer erforderlichen Gebäude im Werksbereich aufzuführen. Eine ähnliche Bestimmung fehlt zwar im Eisenbahngesetz 1957 (BGBl. Nr. 60/1957); aus den Vorschriften des § 18 Abs. 1 in Verbindung mit den Vorschriften der §§ 35 und 36 Eisenbahngesetz 1957 muß aber geschlossen werden, daß auch Wohngebäude für Dienstnehmer, die einen Bereitschaftsdienst versehen, zu

den Hochbauten gehören, die einer eisenbahnbehördlichen Baubewilligung, jedoch keiner Bewilligung der allgemeinen Baubehörden bedürfen. Ein gleiches muß auch für das Luftfahrtrecht gelten.
Kein Eingriff in die Zuständigkeit der Länder auf dem Gebiete des Baurechtes ergibt sich auf Grund des Kompetenztatbestandes „Kriegsschadenangelegenheiten" nach Art. 10 Abs. 1 Z. 15 B-VG. Denn darunter ist nur die finanzielle Seite des Kriegsschadenproblems zu verstehen, also nur die Frage der Entschädigung und der Schaffung der finanziellen Voraussetzungen für durchgreifende Aktionen, nicht aber die technische Seite der Bauschadensbehebung und der baupolizeilichen Gefahrenabwehr. (In diesem Sinne das Erkenntnis des Verfassungsgerichtshofes vom 28. September 1950, Zl. B 77/50.) In diesem verfassungsrechtlichen Rahmen hält sich auch das Wohnhaus-Wiederaufbaugesetz (BGBl. Nr. 130/1948).
Soweit aber eine Zuständigkeit des Bundes nicht gegeben ist, obliegt die Gesetzgebung und die Vollziehung auf dem Gebiete des Bauwesens und daher auf dem Gebiete des Wohnungsbaues den Ländern.

b) Die Landesbauordnungen

Die Baugesetze Burgenlands

Gesetz vom 14. Jänner 1926, LGBl. Nr. 37, womit eine Bauordnung für das Burgenland erlassen wurde.
Gesetz vom 15. Juli 1930, LGBl. Nr. 83, betreffend die Abänderung einiger Bestimmungen der Bauordnung für das Gebiet der Freistadt Eisenstadt und der politischen Gemeinden Oberberg-Eisenstadt, Unterberg-Eisenstadt und Kleinhöflein. Dieses Gesetz gehört heute nicht mehr dem Bestande der Rechtsordnung an, da es durch die Einführung der Bauordnung für Niederösterreich anläßlich der Vereinigung des nördlichen Teiles des Burgenlandes mit Niederösterreich während der deutschen Besetzung Österreichs als partielles Landesrecht aufgehoben wurde und durch das Gesetz vom 15. April 1947, LGBl. Nr. 7, betreffend die Wiedereinführung des Gesetzes vom 14. Jänner 1926, nicht wieder in Kraft gesetzt wurde.

Die Baugesetze Kärntens

Gesetz vom 13. März 1866, LGBl. Nr. 12, womit eine Bauordnung für das Herzogtum Kärnten mit Ausschluß der Landeshauptstadt Klagenfurt erlassen wird.

Zu diesem Gesetz sind nachstehende Novellen ergangen:

Gesetz vom 26. Jänner 1910, LGBl. Nr. 11;
Gesetz vom 24. Februar 1911, LGBl. Nr. 20;
Gesetz vom 14. Dezember 1921, LGB. Nr. 17/1922;
Gesetz vom 5. Februar 1925, LGBl. Nr. 17;
Verordnung vom 9. Mai 1934, LGBl. Nr. 27;
Gesetz vom 17. November 1947, LGBl. Nr. 11/1948;
Gesetz vom 10. Juli 1951, LGBl. Nr. 38.

Gesetz vom 13. Mai 1904, LGBl. Nr. 22, womit eine Bauordnung für die Landeshauptstadt Klagenfurt erlassen wird.

Zu diesem Gesetz sind nachstehende Novellen erschienen:

Gesetz vom 5. April 1922, LGBl. Nr. 1/1923;
Gesetz vom 5. Februar 1925, LGBl. Nr. 21;
Gesetz vom 5. Februar 1925, LGBl. Nr. 45;
Gesetz vom 27. Februar 1931, LGBl. Nr. 16;
Verordnung vom 9. Mai 1934, LGBl. Nr. 27;
Gesetz vom 10. Juli 1951, LGBl. Nr. 38.

Die Baugesetze Niederösterreichs

Gesetz vom 17. Jänner 1883, LGBl. Nr. 36, womit eine Bauordnung für das Herzogtum Österreich unter der Enns mit Ausschluß der Reichshaupt- und Residenzstadt Wien erlassen wird.

Zu diesem Gesetz sind nachstehende Novellen erschienen:

Gesetz vom 30. März 1887, LGBl. Nr. 17;
Gesetz vom 23. Februar 1922, LGBl. Nr. 132;
Gesetz vom 18. April 1934, LGBl. Nr. 70;
Gesetz vom 16. November 1951, LGBl. Nr. 5/1952;
Gesetz vom 3. November 1955, LGBl. Nr. 131.

Die Baugesetze Oberösterreichs

Gesetz vom 13. März 1875, LGBl. Nr. 15, womit eine Bauordnung für das Herzogtum Österreich ob der Enns mit Ausnahme jener Orte, die eine eigene Bauordnung besitzen, erlassen wird.

Zu diesem Gesetz sind nachstehende Novellen erschienen:

Gesetz vom 24. Mai 1898, LGBl. Nr. 19;
Gesetz vom 13. September 1909, LGBl. Nr. 55;
Gesetz vom 3. Mai 1921, LGBl. Nr. 130;
Gesetz vom 25. November 1924, LGBl. Nr. 3/1925;

Gesetz vom 15. Oktober 1946, LGBl. Nr. 5/1947;
Gesetz vom 1. Juli 1950, LGBl. Nr. 53.

Gesetz vom 1. August 1887, LGBl. Nr. 22, womit eine Bauordnung für die Gemeindegebiete der Landeshauptstadt **Linz** und der Stadt **Wels** erlassen wird.

Zu diesem Gesetz sind nachstehende Novellen erschienen:

Gesetz vom 20. Jänner 1888, LGBl. Nr. 3, womit die für die Gemeindegebiete der Landeshauptstadt Linz und der Stadt Wels erlassene Bauordnung auf das Gebiet der Stadt **Urfahr** ausgedehnt wird;
Gesetz vom 11. Februar 1947, LGBl. Nr. 9 (Linzer Bauordnungsnovelle 1946);
Gesetz vom 1. Juli 1950, LGBl. Nr. 54 (Linzer Bauordnungsnovelle 1950);

Gesetz vom 13. März 1875, LGBl. Nr. 14, womit eine Bauordnung für die Stadt **Steyr** erlassen wird.

Zu diesem Gesetz sind nachstehende Novellen erschienen:

Gesetz vom 11. Februar 1947, LGBl. Nr. 9, betreffend die Ausdehnung der Linzer Bauordnungsnovelle 1946 auf **Steyr**;
Gesetz vom 1. Juli 1950, LGBl. Nr. 55 (Steyrer Bauordnungsnovelle 1950).

Gesetz vom 1. August 1893, LGBl. Nr. 24, womit die für die Gebiete der Landeshauptstadt Linz und der Stadt Wels erlassene Bauordnung auf das Gebiet der Stadtgemeinde **Gmunden** mit Ausnahme der Steuergemeinden Schagen und Traunstein ausgedehnt wird.

Gesetz vom 31. März 1898, LGBl. Nr. 15, womit die für die Gebiete der Landeshauptstadt Linz und der Stadt Wels erlassene Bauordnung auf das Gebiet der Stadtgemeinde **Ried i. I.** ausgedehnt wird.

Gesetz vom 28. Dezember 1928, LGBl. Nr. 13/1929, womit die für die Gebiete der Landeshauptstadt Linz und der Stadt Wels erlassene Bauordnung auf das Gebiet der Marktgemeinde **Schallerbach** ausgedehnt wird.

Gesetz vom 11. Februar 1947, LGBl. Nr. 10, womit die für das Gebiet der Landeshauptstadt Linz erlassene Novelle 1946 der Linzer Bauordnung auf die Gebiete der Stadtgemeinden Gmunden, Ried i. I., Steyr, Wels und der Marktgemeinde Schallerbach ausgedehnt wird.

Gesetz vom 1. März 1921, LGBl. Nr. 37, betreffend die Zulässigkeit von Bauerleichterungen.

Auf Grund dieses Gesetzes sind nachstehende Verordnungen ergangen:

Verordnung vom 25. Juli 1923, LGBl. Nr. 66, betreffend provisorische Sonderbestimmungen allgemeiner Art über Bauerleichterungen für Groß- und Kleinhausbauten in Oberösterreich;

Verordnung vom 5. Dezember 1933, LGBl. Nr. 67, betreffend Sonderbestimmungen allgemeiner Art für Bauerleichterungen für städtische Randsiedlungen;

Verordnung vom 25. Juli 1934, LGBl. Nr. 40 (in der Fassung der Verordnung LGBl. Nr. 60/1936), betreffend Erleichterungen für die Verwendung von Holz als Baustoff.

Die Baugesetze Salzburgs

Gesetz vom 7. Juli 1879, LGBl. Nr. 15, womit eine Bauordnung für das Herzogtum Salzburg mit Ausnahme der Landeshauptstadt Salzburg erlassen wird.

Zu diesem Gesetz sind nachstehende Novellen erschienen:

Kundmachung vom 15. Februar 1881, LGBl. Nr. 7;
Gesetz vom 21. Dezember 1892, LGBl. Nr. 1/1893;
Gesetz vom 24. Juli 1901, LGBl. Nr. 24;
Gesetz vom 5. Juli 1919, LGBl. Nr. 99;
Gesetz vom 8. Mai 1924, LGBl. Nr. 75;
Gesetz vom 24. Oktober 1951, LGBl. Nr. 48/1952;
Kundmachung vom 31. August 1952, LGBl. Nr. 55 (Wiederverlautbarung);
Gesetz vom 18. Juni 1954, LGBl. Nr. 44.

Gesetz vom 2. April 1886, LGBl. Nr. 27, womit eine Bauordnung für die Landeshauptstadt Salzburg erlassen wird.

Zu diesem Gesetz sind nachstehende Novellen erschienen:

Gesetz vom 8. November 1901, LGBl. Nr. 33;
Gesetz vom 5. Juli 1919, LGBl. Nr. 99;
Verordnung vom 26. Juli 1919, LGBl. Nr. 100;
Gesetz vom 8. Mai 1924, LGBl. Nr. 75;
Gesetz vom 2. Juni 1931, LGBl. Nr. 70;
Gesetz vom 10. März 1932, LGBl. Nr. 29;
Gesetz vom 21. Juli 1954, LGBl. Nr. 57;
Gesetz vom 21. Juli 1954, LGBl. Nr. 58.

Kundmachung der Statthalterei vom 9. Februar 1857, LGBl. Nr. 5, womit eine Bauordnung für das Herzogtum Steiermark mit Ausnahme der Landeshauptstadt Graz bekanntgegeben wird.

Zu diesem Gesetz sind nachstehende Novellen erschienen:

Kundmachung vom 31. August 1864, LGBl. Nr. 2/1865;
Gesetz vom 12. März 1866, LGBl. Nr. 6;
Gesetz vom 22. Jänner 1872, LGBl. Nr. 6;
Gesetz vom 1. April 1875, LGBl. Nr. 24;
Gesetz vom 26. März 1909, LGBl. Nr. 33;
Gesetz vom 16. November 1914, LGBl. Nr. 12/1915;
Gesetz vom 28. Jänner 1919, LGBl. Nr. 135;
Gesetz vom 27. April 1934, LGBl. Nr. 51;
Verordnung vom 25. Juli 1941, Vdg.Bl. Nr. 463;
Kundmachung vom 12. Dezember 1941, Vdg.Bl. Nr. 671;
Gesetz vom 29. Mai 1946, LGBl. Nr. 14;
Gesetz vom 29. Juli 1946, LGBl. Nr. 15;
Gesetz vom 27. Mai 1952, LGBl. Nr. 34.

Ferner sind folgende Durchführungsverordnungen von Bedeutung:

Verordnung vom 21. Juli 1934, LGBl. Nr. 55;
Verordnung vom 30. Oktober 1945, LGBl. Nr. 46;
Verordnung vom 30. Oktober 1945, LGBl. Nr. 47;

Gesetz vom 7. September 1881, LGBl. Nr. 20, womit eine Bauordnung für die Landeshauptstadt Graz erlassen wird.

Zu diesem Gesetz sind nachstehende Novellen erschienen:

Gesetz vom 14. Juni 1894, LGBl. Nr. 42;
Gesetz vom 8. April 1921, LGBl. Nr. 181;
Gesetz vom 20. Dezember 1923, LGBl. Nr. 17/1924;
Gesetz vom 8. Jänner 1925, LGBl. Nr. 15;
Gesetz vom 7. August 1925, LGBl. Nr. 66;
Gesetz vom 11. Juni 1931, LGBl. Nr. 61;
Gesetz vom 27. April 1934, LGBl. Nr. 52;
Gesetz vom 31. August 1936, LGBl. Nr. 61;
Gesetz vom 29. Mai 1946, LGBl. Nr. 14;
Gesetz vom 27. Mai 1952, LGBl. Nr. 35.

Die Baugesetze Tirols

Gesetz vom 15. Oktober 1900, LGBl. Nr. 1/1901, womit eine Bauordnung für die gefürstete Grafschaft Tirol mit Ausnahme jener Orte, die Bauordnungen auf Grund von Landesgesetzen besitzen, erlassen wird.

Zu diesem Gesetz sind nachstehende Novellen erschienen:

Gesetz vom 23. August 1919, LGBl. Nr. 65;
Gesetz vom 16. Dezember 1926, LGBl. Nr. 7/1927;
Gesetz vom 26. Jänner 1928, LGBl. Nr. 11;
Kundmachung vom 15. März 1928, LGBl. Nr. 12 (Wiederverlautbarung);
Gesetz vom 27. Jänner 1930, LGBl. Nr. 6;
Gesetz vom 12. Mai 1933, LGBl. Nr. 41;
Gesetz vom 10. Dezember 1936, LGBl. Nr. 1/1937;
Gesetz vom 28. Juni 1946, LGBl. Nr. 7.

Gesetz vom 30. März 1896, LGBl. Nr. 31, womit eine Bauordnung für die Landeshauptstadt Innsbruck erlassen wird.

Zu diesem Gesetz sind nachstehende Novellen erschienen:

Gesetz vom 26. Jänner 1920, LGBl. Nr. 31;
Gesetz vom 27. Jänner 1930, LGBl. Nr. 7;
Verordnung vom 15. Mai 1934, LGBl. Nr. 16;
Gesetz vom 14. November 1946, LGBl. Nr. 4/1947;
Gesetz vom 23. Juni 1949, LGBl. Nr. 2/1950.

Die Baugesetze Vorarlbergs

Gesetz vom 17. März 1924, LGBl. Nr. 9, womit eine Bauordnung für das Land Vorarlberg erlassen wird.

Zu diesem Gesetz sind nachstehende Novellen erschienen:

Gesetz vom 21. Dezember 1925, LGBl. Nr. 49;
Gesetz vom 17. März 1931, LGBl. Nr. 17;
Gesetz, LGBl. Nr. 36/1936;
Gesetz, LGBl. Nr. 6/1947;
Kundmachung, LGBl. Nr. 11/1948;
LGBl. Nr. 28/1950 (Aufhebung der Kundmachung LGBl. Nr. 11/1948);
Gesetz, LGBl. Nr. 38/1950;
Verordnung LGBl. Nr. 20/1952 (teilweise Aufhebung des Gesetzes LGBl. Nr. 38/1950).

Gesetz vom 25. November 1929, LGBl. Nr. 11/1930, womit eine Bauordnung für Wien erlassen wird.

Zu diesem Gesetz sind nachstehende Novellen erschienen:

Gesetz vom 20. Dezember 1929, LGBl. Nr. 12/1930;
Gesetz vom 19. Dezember 1934, LGBl. Nr. 1/1935;
Gesetz vom 2. Juli 1936, LGBl. Nr. 33;
Gesetz vom 5. Juli 1935, LGBl. Nr. 44;
Gesetz vom 21. Juli 1947, LGBl Nr. 17;
Gesetz vom 22. Juli 1949, LGBl. Nr. 45;
Gesetz vom 22. Juli 1955, LGBl. Nr. 16 (Bauordnungsnovelle 1955);
Gesetz vom 5. Oktober 1956, LGBl. Nr. 28 (Bauordnungsnovelle 1956).

C. Die Beschaffung des Baugrundes

Der für die Errichtung von Wohnhäusern (Eigenheimen und Mietwohngebäude) erforderliche Baugrund wird in der Regel mit Hilfe der Einrichtungen des bürgerlichen Rechtes beschafft. In Betracht kommen vor allem Kauf, Tausch, Pacht und Baurecht. In allen diesen Fällen handelt es sich um Verträge, die nur bei Willensübereinstimmung beider Vertragspartner zustande kommen. Die Willensübereinstimmung muß sich sowohl auf die Ware (Baugrund) wie auch auf den Preis (Kaufpreis, Pachtschilling usw.) erstrecken. Da der Bewerber im allgemeinen nur einen bestimmten Teil der ihm für die Bauführung zur Verfügung stehenden Mittel für die Grundbeschaffung verwenden kann, wird häufig nicht der geeignetste, sondern der billigste, gerade noch die Bedürfnisse des Käufers deckende Baugrund erworben. Nun wird aber der Preis eines Baugrundes zu einem erheblichen Teil durch das Maß seiner Anbaureife bestimmt. Der billigere Grund ist daher im allgemeinen nicht voll anbaureif. Es fehlen vielfach nicht nur die erforderlichen unterirdischen Einbauten (Kanal, Wasser, Gas, elektrischer Strom), sondern häufig auch eine entsprechend ausgebaute und befestigte Verkehrsfläche. Wird ein solcher nicht anbaureifer Baugrund bebaut, dann ergibt sich für die Gemeinschaft früher oder später die Notwendigkeit, die fehlenden Einrichtungen zu schaffen. Diese und andere volkswirtschaftlich und städtebaulich unerwünschte Erscheinungen haben in Österreich und auch in anderen Ländern dazu geführt, daß die Rechtsordnung dem Bauwilligen die Möglichkeit gibt, den für eine Bauführung erforderlichen und geeigneten Grund auch gegen den Willen des Eigentümers zu erwerben. Diese Möglichkeit ist die *Enteignung*. Über die Notwendigkeit und die Zweckmäßigkeit von Enteignungsbestimmungen für Baugrund zum Zwecke der Errichtung von Wohnhäusern sind die Meinungen nicht einheitlich. Vor allem wird geltend gemacht, daß selbst dort, wo ausreichende Enteignungsbestimmungen bestehen, von diesen nur selten Gebrauch gemacht wird. Dabei darf jedoch nicht übersehen werden, daß bereits das Vorhandensein von Enteignungsbestimmungen den freihändigen Verkauf von Bauland begünstigt. Der von der Enteignung Bedrohte weiß nämlich, daß er bei einem freihändigen Verkauf einen höheren Preis erzielt als bei einer Enteignung, ist doch der Enteignungswerber bereit, nicht nur die Kosten des Enteignungsverfahrens zusätzlich zu dem angemessenen Preis zu entrichten, sondern auch noch den bei einem freihändigen Ankauf für ihn entstehenden Zeitgewinn angemessen in Ansatz zu bringen. Aus diesem Grunde führen auch viele Enteignungsverfahren nicht zu einem Enteignungserkenntnis, sondern zu einem Vergleich.

In Österreich enthalten nachstehende Gesetze Bestimmungen über die Enteignung von Baugrund für die Errichtung von Wohnhäuser:

Das *Allgemeine bürgerliche Gesetzbuch*

§ 365 ABGB bestimmt, daß ein Mitglied des Staates gegen eine angemessene Schadloshaltung selbst das vollständige Eigentum einer Sache abtreten muß, wenn es das allgemeine Beste erheischt. Ergänzt wird diese Bestimmung durch Art. 5 des Staatsgrundgesetzes über die allgemeinen Rechte der Staatsbürger (Gesetz vom 21. Dezember 1867, StGBl. Nr. 142), wonach eine Enteignung nur in den Fällen und in der Art eintreten kann, welche das Gesetz bestimmt. Daraus folgt, daß eine Enteignung nur zulässig ist, wenn das Gesetz die materiellen und die formellen Voraussetzungen der Enteignung bestimmt. Art. 13 des Verwaltungsentlastungsgesetzes, BGBl. Nr. 277/1925, sieht vor, daß die Verfahrensvorschriften des Eisenbahnenteignungsgesetzes, Gesetz vom 18. Februar 1878, RGBl. Nr. 30 (nunmehr Eisenbahnenteignungsgesetz 1954, BGBl. Nr. 71) subsidiär anzuwenden sind, wenn ein Bundesgesetz zwar eine Enteignung vorsieht, das Enteignungsverfahren aber nicht regelt. Da aber § 365 ABGB eine materielle Enteignungsbestimmung enthält, besteht gegen die Anwendung dieser Bestimmung kein verfassungsrechtliches Bedenken. Mit Rücksicht auf die allgemeine Fassung der Vorschrift des § 365 ABGB kann daher diese Bestimmung auch für die Enteignung von Baugrund für Wohnhausbauten angewandt werden. Voraussetzung ist nur, daß es das allgemeine Beste erheischt, d. h. daß ein dringendes öffentliches Bedürfnis nach der Errichtung von Wohnhäusern besteht und geeigneter Baugrund hiefür zu angemessenen Preisen nicht zur Verfügung steht.

Das *Reichsleistungsgesetz*

Den denkbar weitesten Rahmen für Enteignungen schafft das Reichsleistungsgesetz, Gesetz vom 1. September 1939, DRGBl. I S. 1639, ö. GBl. Nr. 1205/1939. Dieses Gesetz ist nach der übereinstimmenden Rechtssprechung der beiden Gerichtshöfe des öffentlichen Rechts durch § 2 Rechts-Überleitungsgesetz Bestandteil der österreichischen Rechtsordnung geworden. Eingeschränkt ist die Anwendung dieses Gesetzes jedoch dadurch, daß es derzeit nur mehr für vorübergehende Maßnahmen zur Beseitigung eines Notstandes herangezogen werden kann. Baugrund wird auf Grund der Bestimmungen dieses Gesetzes daher nur in Katastrophenfällen für die Errichtung von Baracken und ähnlichen Notunterkünften enteignet werden können. Die Enteignung wird sich auf die vorübergehende Benutzung des Grundes beschränken müssen.

Die „*Behebungsverordnung*“

Die Verordnung zur Behebung der dringendsten Wohnungsnot vom 9. Dezember 1919, DRGBl. I S. 1968, eingeführt in Österreich auf Grund der Verordnung vom 28. Februar 1939, DRGBl. I S. 345 (ö. GBl. Nr. 375/1939), bestimmt, daß der Bezirkswohnungskommissar (die Landesregierung), falls für Klein- und Mittelwohnungen Bau- und Gartenland in passender Lage zu angemessenen Preisen nicht zur Verfügung steht, geeignete Grundstücke gegen angemessene Entschädigung enteignen kann. Vor der Enteignung ist dem Betroffenen und der Gemeinde Gelegenheit zur Stellungnahme zu geben. Die Enteignung wird mit der Zustellung des Enteignungsbescheides wirksam. Zu dieser Verordnung hat der Reichskommissar für die Wiedervereinigung Durchführungsbestimmungen (ö. GBl. Nr. 1097/1939) erlassen.

Die *Kleingartenordnung*

Durch die Verordnung vom 28. Februar 1939, DRGBl. I S. 345 (ö. GBl. Nr. 375/1939) wurden in Österreich auch § 1 und die §§ 9 bis 22 des Vierten Teiles, Kapitel II der Dritten Verordnung des Reichspräsidenten zur Sicherung von Wirtschaft und Finanzen und zur Bekämpfung politischer Ausschreitungen vom 6. Oktober 1931, DRGBl. I S. 537, 551 eingeführt. Nach § 11 dieser Verordnung kann, wenn geeignetes Land in passender Lage zu angemessenen Preisen für landwirtschaftliche Siedlungen und vorstädtische Kleinsiedlungen nicht zur Verfügung steht, der Reichskommissar (Landesregierung) geeignete Grundstücke gegen angemessene Entschädigung enteignen. Durch die Enteignung ist zunächst das Land der öffentlichen Körperschaften in Anspruch zu nehmen, soweit es nicht für anderen öffentlichen Bedarf benötigt wird. Auf die Enteignung finden die Vorschriften der Verordnung zur Behebung der dringendsten Wohnungsnot sinngemäß Anwendung.

Die *Verordnung über die Landbeschaffung für Kleinsiedlungen*

Nach der Verordnung über die Landbeschaffung für Kleinsiedlungen vom 17. Oktober 1936, DRGBl. I S. 896, die gleichfalls durch die Verordnung vom 28. Februar 1939, DRGBl. I S. 345, in Österreich eingeführt wurde, finden die Vorschriften der vorgenannten Verordnung vom 6. Oktober 1931 für die Beschaffung des gesamten zur Anlage und zur Erschließung einer Siedlung benötigte Land Anwendung, wenn die Siedlung städtebaulich und siedlungstechnisch eine Einheit bildet und vorwiegend aus Siedlungsvorhaben besteht, die von der zuständigen Behörde nach den Bestimmungen über die Förderung der Kleinsiedlungen vom 21. April 1936, Nr. 43, 48, 64 und 65 (Deutscher Reichsanzeiger und preußischer Staatsanzeiger Nr. 97 vom 27. April 1936) als Kleinsiedlung anerkannt werden kann.

Voraussetzung für die Anwendung des Gesetzes vom 14. Juni 1929, BGBl. Nr. 202, betreffend die Enteignung zu Wohn- und Assanierungszwecken, ist, daß in einem Ort Wohnungsnot besteht oder die Assanierung ungesunder Wohnviertel es erheischt, daß Grundstücke zum Zwecke der Bebauung enteignet werden. Das Gesetz kennt vier Enteignungsfälle:

1. Die Enteignung von Ergänzungsstücken. Dies sind Grundstücke, die zur rationellen Verbauung allein nicht geeignet sind. Sie können zu Gunsten der Eigentümer der Nachbarliegenschaft zwecks Verbauung mit Klein- und Mittelwohnungen enteignet werden.

2. Die Enteignung von Baulücken. Baulücken sind Grundstücke mit höchstens 30 m Länge, die zwischen zwei bereits verbauten Grundstücken liegen, die ihrerseits wieder in einem überwiegend verbauten Baublock liegen müssen.

3. Die Enteignung abbruchreifer Baulichkeiten, deren Umbau aus öffentlichen Rücksichten notwendig erscheint.

4. Die Enteignung von Assanierungsgrundstücken. Ihre Enteignung muß zur zweckentsprechenden Assanierung eines bestimmten Gebietes der Gemeinde unbedingt nötig sein.

Das Gesetz stellt für alle vier Enteignungsfällen eine Reihe weiterer Voraussetzungen auf. Das Enteignungsverfahren ist sehr kompliziert und langwierig.

Die kaiserliche Verordnung vom 16. Oktober 1914, RGBl. Nr. 284, betreffend *Ausnahmebestimmungen für begünstigte Bauten* während der Dauer der durch den Krieg hervorgerufenen außerordentlichen Verhältnissen. Diese Verordnung räumt der Regierung das Recht ein, Bauten (und Betriebsanlagen) aller Art, welche öffentlichen oder gemeinnützigen Zwecken dienen, als begünstigte Bauten zu erklären. Für solche Bauten ist das Recht der Enteignung gegen Entschädigung eingeräumt. Die Durchführung des Verfahrens obliegt der örtlich zuständigen Landesbehörde. Eine Berufung gegen das Enteignungserkenntnis ist unzulässig. Über Anspruch und Höhe der Entschädigung entscheidet eine fünfgliedrige Kommission unter Vorsitz eines Senatspräsidenten des Obersten Gerichtshofes.

Neben diesen teils dem deutschen Rechtskreis entstammenden, teils als bundesgesetzliche Vorschriften für ganz Österreich geltenden Bestimmungen enthalten auch noch einzelne *Landesbauordnungen* Enteignungsbestimmungen für Grundstücke zum Zwecke der Bebauung mit Wohnhäuser. Der Gesichtspunkt, unter welchen die Landesgesetzgeber diese Enteignungsbestimmungen erlassen haben, ist ein städtebaulicher. Das Vorhandensein unverbauter, aber baureifer Baugründe in einem sonst verbauten Gebiete erweist sich als eine Störung des örtlich gegebenen oder beabsichtigten Stadtbildes. Hier sind anzuführen:

Die *Bauordnung für Wien*

Nach § 41 b dieser Bauordnung können unbebaute oder nicht entsprechend bebaute Liegenschaften zugunsten der Gemeinde oder mit Zustimmung der Gemeinde zugunsten eines Dritten gegen Entschädigung enteignet werden, wenn dadurch die bauordnungsgemäße Bebauung der Liegenschaft erreicht wird und dies aus städtebaulichen Rücksichten, zu welchen auch solche auf das Stadtbild gehören, erforderlich ist. Ein Enteignungsverfahren darf erst dann durchgeführt werden, wenn der Eigentümer trotz Aufforderung die Liegenschaft nicht binnen einer bestimmten Frist selbst bauordnungsgemäß bebaut. Über den Entschädigungsanspruch entscheidet die Verwaltungsbehörde. Die Entscheidung der ordentlichen Gerichte kann begehrt werden.

Die *Bauordnung für die Landeshauptstadt Innsbruck*

Gemäß § 5 a dieser Bauordnung (in der Fassung des Gesetzes vom 14. November 1946, LGBl. Nr. 4) können enteignet werden a) Grundstücke mit Baulichkeiten, die durch Brand oder sonstige Elementarereignisse einschließlich kriegerischer Ereignisse aller Art ganz oder teilweise zerstört wurden, wenn städtebauliche Rücksichten, insbesondere auch solche auf das Stadtbild, den Wiederaufbau oder eine anderweitige Verwendung erfordern; b) Baulücken, wenn wichtige städtebauliche Rücksichten, insbesondere solche auf das Stadtbild, die Verbauung dringlich erscheinen lassen. Baulücken sind unverbaute Grundstücke, die zwischen zwei bereits verbauten Grundstücken an ausgebauten Verkehrsflächen (Straßen, Gassen, Wege, Plätze) liegen und deren Frontlänge gegen die Verkehrsfläche im Vergleich zu den verbauten Frontlängen erheblich zurückbleibt. Eckbauplätze gelten auch dann als Baulücken, wenn die unverbaute Front gegen eine angrenzende

Verkehrsfläche 30 m übersteigt. Eine Enteignung kann erst durchgeführt werden, wenn der Grundeigentümer trotz dreimaliger Aufforderung die Baulücke nicht selbst verbaut.
Die zur Vervollständigung eines Bauplatzes erforderlichen Grundflächen, und zwar sowohl *Baumasken* (d. s. zwischen dem Baugrund und der Verkehrsfläche gelegene, selbständig nicht bebaubare Grundstreifen) wie auch Ergänzungsflächen (d. s. zwischen zwei Bauplätzen gelegene, selbständig nicht bebaubare Grundstreifen), können nach folgenden Bauordnungen enteignet werden:
Nach § 40 der Bauordnung für Wien;
nach § 30 der Bauordnungen für Oberösterreich und die oberösterreichischen Städte, die eine eigene Bauordnung besitzen;
nach § 24 Abs. 4 der Bauordnung für das Burgenland.

Umlegung

Als eine der Enteignung ähnliche Rechtseinrichtung ist die Umlegung anzusehen. Unter Umlegung versteht man im Baurecht die Vereinigung mehrerer Grundstücke zu einer Masse und deren Neuaufteilung zum Zwecke der Schaffung geeigneter Bauplätze, wenn die Bebauung der in einem Gebiet (Umlegungsgebiet) gelegenen Grundstücke wegen deren Gestalt und Größe behindert oder erschwert ist. Als Enteignung im weiteren Sinne ist die Umlegung dann anzusehen, wenn der Grundeigentümer gegen seinen Willen gezwungen werden kann, am Umlegungsverfahren teilzunehmen. Umlegungen in diesem Sinne kennen die Bauordnungen für Wien (§§ 21 ff.), für Graz (§§ 18 a und 18 b), für Oberösterreich (§§ 11 bis 25 der Bauordnungsnovelle 1946) und für Linz (§§ 11 bis 15 der Bauordnungsnovelle 1946).

D. Baurechtliche Nebengesetze

Rechtsvorschriften baurechtlichen Inhaltes, die bei der Errichtung von Wohngebäuden zu beachten sind, enthalten noch folgende Gesetze:
Die Verordnung vom 29. Oktober 1936, DRGBl. I S. 933, eingeführt in Österreich auf Grund der Verordnung vom 28. Februar 1939, DRGBl. I S. 382 (ö. GBl. Nr. 526/1939), über die Zulässigkeit befristeter *Bausperren.* Auf Grund dieser heute als Landesgesetz in Geltung stehenden Verordnung können zum Zwecke der Durchführung städtebaulicher

Maßnahmen von der Baubehörde zeitlich befristete Bausperren mit der Wirkung über bestimmte Gebiete verhängt werden, daß Baubewilligungen und Grundabteilungensbewilligungen nicht erteilt werden können. Die Verordnung vom 17. Februar 1939, DRGBl. I S. 219, in Österreich eingeführt auf Grund der Verordnung vom 18. November 1939, DRGBl. I S. 2305 (ö. GBl. Nr. 1447/1939), über *Garagen und Einstellplätze.* Von besonderer Bedeutung ist die in dieser Verordnung festgelegte Garagenbaupflicht, die besagt, daß derjenige, der bestimmte Baulichkeiten, darunter auch Wohngebäude, errichtet, von der Baubehörde verpflichtet werden kann, Garagen oder Einstellplätze für die Bewohner des Wohnhauses zu errichten. Hinsichtlich der Zuständigkeit zur Erlassung von Bestimmungen über Garagen und Einstellplätze hat der Verfassungsgerichtshof in seinem Erkenntnis vom 19. März 1956, Slg. Nr. 2977, folgende Rechtssätze aufgestellt: Der Kompetenztatbestand „Kraftfahrwesen“ nach Art. 10 Abs. 1 Z. 9 B-VG umfaßt nicht die Regelung des Betriebes von Garagen und Einstellplätzen sowie die behelfsmäßige Einstellung von Kraftfahrzeugen. Der Kompetenztatbestand „Angelegenheiten des Gewerbes und der Industrie“ umfaßt auch die Regelung des Betriebes von Garagen und Einstellplätzen im Rahmen eines der Gewerbeordnung unterliegenden Betriebes sowie die Errichtung solcher Anlagen.

Bisher hat lediglich das Bundesland Wien ein neues Garagengesetz (vom 27. September 1957, LGBl. Nr. 22) erlassen. Auch dieses Gesetz kennt die Garagenbaupflicht. Kann diese Verpflichtung nicht erfüllt werden, so ist ein Ablösebetrag zu entrichten.

Die Verordnung vom 13. Juni 1943, RMBl. Nr. 12, über die Einrichtung und den Betrieb von *Aufzügen.* Aufzüge sind Bauteile oder Bauanlagen besonderer Art. Sie sind daher nach baurechtlichen Vorschriften zu behandeln. Hinsichtlich der Zuständigkeit gilt das oben über die Garagen und Einstellplätze Gesagte sinngemäß. Aufzüge ersetzen grundsätzlich nicht die nach anderen Vorschriften, z. B. nach den Bauordnungen, erforderlichen Hauptstiegen. Die Verordnung vom 8. November 1937, DRGBl. I S. 1177, eingeführt in Österreich auf Grund der Verordnung vom 28. Februar 1939, DRGBl. I S. 382 (ö. GBl. Nr. 526/1939), über die allgemeine baupolizeiliche Zulassung *neuer Baustoffe und Bauarten.* Die Bestimmungen dieser Verordnung gelten heute als landesgesetzliche Bestimmungen.

Die Verordnung vom 20. November 1938, DRGBl. I S. 1677, eingeführt in Österreich auf Grund der Verordnung vom 28. Februar 1939, DRGBl.I S. 382 (ö. GBl. Nr. 526/1939) über die baupolizeiliche Behandlung *öffentlicher Bauten.* Nach dieser Verordnung bedürfen Bauten des Reiches (des Bundes) und der Länder keiner baupolizeilichen Genehmigung, Überwachung und Abnahme (Benützungsbewilligung), wenn sie unter der Leitung von Beamten des höheren bautechnischen Dienstes (Diplomingenieure) bearbeitet und ausgeführt werden. Die allgemeinen baupolizeilichen Vorschriften finden jedoch auch auf diese Bauten Anwendung. Sie sind der höheren Baupolizeibehörde (der Landesregierung) anzuzeigen. Mit der Bauführung darf erst nach Zustimmung der höheren Baupolizeibehörde begonnen werden. Die Bestimmungen dieser Verordnung finden nicht nur auf öffentlichen Zwecken dienende Bauten des Bundes und der Länder, sondern auf alle Bauführungen, daher auch auf Wohnhausbauten des Bundes oder der Länder, Anwendung. Im allgemeinen machen jedoch weder der Bund noch die Länder von dieser Verordnung Gebrauch. Ob ein solcher Verzicht rechtlich möglich ist, erscheint fraglich, wenn die gesetzlichen Voraussetzungen (Bearbeitung und Ausführung durch Diplomingenieure) gegeben sind.

E. Sonstige Vorschriften über die Errichtung von Wohnhausbauten

Neben den baurechtlichen Vorschriften sind bei der Errichtung von Wohnhausbauten noch nachstehende Vorschriften zu beachten:
Nach dem Bundesgesetz vom 25. September 1923, BGBl. Nr. 533, betreffend Beschränkungen in der Verfügung über Gegenstände von geschichtlicher, künstlerischer oder kultureller Bedeutung *(Denkmalschutzgesetz)*, bedarf die Zerstörung von Denkmalen, deren Erhaltung als im öffentlichen Interesse gelegen festgestellt wurde, sowie jede Veränderung an einem solchen Denkmal, die den Bestand, die überlieferte Erscheinungsform oder künstlerische Wirkung dieses Denkmales beeinflussen könnte, der Zustimmung des Bundesdenkmalamtes. Besteht die Gefahr, daß ein Denkmal zerstört oder verändert wird und daß dadurch das Interesse der Denkmalpflege wesentlich geschädigt wird, so kann der zuständige Landeshauptmann über Antrag des Bundesdenkmalamtes Sicherungsmaßnahmen treffen. Unter Denkmalschutz stehende Gebäude können in einem solchen Falle auch dann nicht abgetragen werden,

wenn an deren Stelle ein den derzeitigen Anforderungen an ein Wohngebäude besser entsprechender Neubau errichtet werden soll. Eine baupolizeiliche Abtragungsbewilligung kann allerdings unter Hinweis auf die fehlende Zustimmung des Bundesdenkmalamtes nicht verweigert werden (Erkenntnis des Verwaltungsgerichtshofes vom 18. September 1956, Zl. H 1/1956). Jedoch wird der Eigentümer durch eine auf die Erhaltung des denkmalgeschützten Gebäudes lautende Sicherungsmaßnahme des Landeshauptmannes gehindert, von der baupolizeilichen Abtragungsbewilligung Gebrauch zu machen.

Auf Grund der Verordnung vom 10. Februar 1939, DRGBl. I S. 217 (ö. GBl. Nr. 245/1939), wurde in Österreich das *Reichsnaturschutzgesetz* vom 26. Juni 1935, DRGBl. I S. 821 (in der Fassung der Gesetze vom 29. September 1935, DRGBl. I S. 1191, vom 1. Dezember 1936, DRGBl. I S. 1001, und vom 20. Jänner 1938, DRGBl. I S. 36) sowie die Durchführungsverordnung vom 31. Oktober 1935, DRGBl. I S. 1275 (in der Fassung der Verordnung vom 16. September 1938, DRGBl. I S. 1184), eingeführt. Das Reichsnaturschutzgesetz sowie die Durchführungsverordnung hiezu sind derzeit zur Gänze als landesrechtliche Normen anzusehen. Durch diese dem deutschen Rechtskreis entstammenden Vorschriften wurden jedoch die früheren österreichischen Rechtsvorschriften auf dem Gebiete des Naturschutzes nur insoweit aufgehoben, als sie mit den Bestimmungen der neu eingeführten Rechtsvorschriften im Widerspruch standen. Auf Grund der Bestimmungen des Reichsnaturschutzgesetzes haben einzelne Reichsstatthalter Durchführungsverordnungen erlassen, so insbesondere der Reichsstatthalter von Oberdonau, durch dessen Verordnung vom 8. Oktober 1940, Vdg. und Amtsblatt Nr. 62, die Landschaftsteile entlang aller oberösterreichischen Seen in einer durchschnittlichen Tiefe von 500 m, vom Seeufer landeinwärts gemessen, sichergestellt wurden. Innerhalb dieser 500-m-Zone sind Veränderungen, die geeignet sind, das Landschaftsbild zu verunstalten, die Sicht auf die Seen und die Zugänglichkeit der Seeufer zu erschweren oder zu unterbinden, verboten. Die Errichtung von Wohngebäuden in dieser Schutzzone ist daher nur mit Zustimmung der Naturschutzbehörde (Landesregierung) zulässig. Derartige Durchführungsverordnungen gehören auch dann noch dem Bestande der Rechtsordnung an, wenn sie über den Rahmen einer Durchführungsverordnung im Sinne der österreichischen Bundesverfassung hinausgehen. In einem solchen Falle sind sie als Landes*gesetze* anzusehen. (Vergleiche hiezu das Erkenntnis des

Verwaltungsgerichtshofes vom 16. November 1956, Zl. 374/54, zum Problem der Rechtsüberleitung überhaupt das Erkenntnis des Verfassungsgerichtshofes vom 8. Oktober 1948, Slg. Nr. 1693.) Eine gleiche Rechtslage ergibt sich für die Seen des Landes Salzburg auf Grund des Salzburger Naturschutzgesetzes (LGBl. 45/1956) und der dazu ergangenen Durchführungsverordnung (LGBl. 61/1957).

Nach dem Bundesgesetz vom 13. Februar 1957, BGBl. Nr. 60, über das Eisenbahnwesen *(Eisenbahngesetz)* ist bei Haupt- und Nebenbahnen die Errichtung bahnfremder Anlagen jeder Art, daher auch die Errichtung von Wohnhäusern, in einer Entfernung bis 12 m von der Mitte des äußersten Geleises, bei Bahnhöfen innerhalb der Bahnhofsgrenzen und bis zu 12 m von dieser verboten (Bauverbotsbereich). Die Eisenbahnbehörde kann von diesem Verbot Ausnahmen bewilligen, soweit dies mit den öffentlichen Verkehrsinteressen vereinbar ist. In der Umgebung von Eisenbahnanlagen (Gefährdungsbereich) ist die Errichtung von Anlagen (auch von Wohnhäusern) verboten, durch die der Bestand der Eisenbahn oder ihr Zubehör oder die regelmäßige und sichere Betriebsführung, insbesondere die freie Sicht auf Signale oder bei schienenfreien Eisenbahnübergängen, gefährdet wird. Bei Hochspannungsleitungen beträgt der Gefährdungsbereich, wenn sie Freileitungen sind, in der Regel 25 m; wenn sie verkabelt sind, in der Regel 5 m beiderseits der Leitungsachse. Anlagen jeder Art in einer Entfernung bis 50 m von der Mitte des äußersten Geleises sind gegen Zündung durch Funken (zündungssicher) herzustellen, zu erhalten und zu erneuern, wenn auch nur zeitweise zündungsgefährdende Fahrzeuge in Betrieb stehen (Feuerbereich).

Nach dem Bundesgesetz vom 10. März 1954, BGBl. Nr. 73, über das Bergwesen *(Berggesetz)* haben die Bergbehörden auf Antrag des Bergwerksberechtigten durch Bescheid die Grundstücke zu bezeichnen, deren Oberfläche voraussichtlich Einwirkungen des Bergbaues unterliegen werden (Bruchgebiete) und in denen zur Verhinderung einer ihn erschwerenden Verbauung Bauten und andere Anlagen nur mit ihrer Zustimmung errichtet werden dürfen. Die Zustimmung kann mit der Auflage erteilt werden, daß die Anlage bei entsprechendem Fortschreiten des Abbaues abzutragen ist. Mit der Zustimmung kann auch eine Verpflichtung zu bestimmten Sicherheitsvorkehrungen verbunden werden. Will ein Grundeigentümer im Bereiche eines Tagbaues bauen, so hat die Bergbehörde dem Bergwerksberechtigten vorzuschreiben, in welcher

Frist die bergfreien Mineralien auf dem zum Bau erforderlichen Grunde zu gewinnen sind.

Gemäß § 86 Abs. 1 *Luftfahrtgesetz* (Gesetz vom 2. Dezember 1957, BGBl. Nr. 253) ist für die Errichtung von Luftfahrthindernissen im Sinne des § 85 Abs. 1 innerhalb der Sicherheitszone eines Flugplatzes unbeschadet sonstiger gesetzlicher Vorschriften eine Bewilligung der Luftfahrbehörde erforderlich (Ausnahmebewilligung). Luftfahrthindernisse sind unter anderem auch Bauten (Wohnhausbauten). Wohnhausbauten, deren Höhe entweder 100 m übersteigt oder die höher als 30 m sind und auf einer natürlichen oder künstlichen, mehr als 100 m über die umgebende Landschaft hinausragenden Bodenerhebung errichtet werden sollen, bedürfen zufolge § 91 in Verbindung mit § 85 Abs. 2 Luftfahrtgesetz gleichfalls einer Ausnahmebewilligung.

Nach dem Gesetz vom 3. Dezember 1852, RGBl. Nr. 250, über das Forstwesen *(Forstgesetz)* und den hiezu ergangenen, heute als partikuläres Bundesrecht geltenden Landesforstgesetzen darf ohne forstbehördliche Bewilligung kein Waldgrund der Holznutzung entzogen und anderen Zwecken zugeführt werden. Weitergehende Beschränkungen ergeben sich bei Bann- und Schutzwäldern. Im Falle der Versagung der forstbehördlichen Bewilligung kann ein Bau, selbst wenn hierfür eine baubehördliche Bewilligung vorliegt, nicht ausgeführt werden.

Nach dem Bundesgesetz vom 19. Oktober 1934, BGBl. II Nr. 316, betreffend das Wasserrecht *(Wasserrechtsgesetz)*, ist zur Errichtung und Änderung von Brücken, Stegen und von Uferbauten, dann von anderen Anlagen innerhalb der Grenzen des Hochwasserabflusses fließender Gewässer sowie von Einbauten in stehende öffentliche Gewässer nebst der sonst etwa erforderlichen Genehmigung auch eine wasserrechtliche Bewilligung erforderlich. Die Bewilligung kann zeitlich beschränkt oder gegen Widerruf erteilt werden.

Die Unzulässigkeit der Errichtung von Wohnhäusern im Bereiche von Häfen und Landeplätzen (Länden) von Gewässern, die der Schiff- oder Floßfahrt dienen, kann sich auch aus den Vorschriften der §§ 6, 7 und 17 Abs. 2 des Bundesgesetzes, BGBl. Nr. 550/1935, betreffend Verwaltungsvorschriften für die Binnenschiffahrt *(Binnenschiffahrtverwaltungsgesetz)*, ergeben.

Schließlich ist noch auf das *Bundesstraßengesetz* (Gesetz vom 18. Februar 1948, BGBl. Nr. 59, betreffend die Bundesstraßen) und die einzelnen

Landesstraßenverwaltungsgesetze zu verweisen, die Bestimmungen darüber enthalten, in welcher Entfernung von der Straße ohne Zustimmung der Straßenverwaltungsbehörde Neu-, Zu- und Umbauten nicht hergestellt werden dürfen. Ausnahmen können bewilligt werden.

F. Vorschriften über die bei Bauführungen tätigen Personen

Alle österreichischen Bauordnungen enthalten den Grundsatz, daß sich der Bauherr (Bauwerber) bei der Herstellung eines Bauwerkes eines befugten Bauführers zu bedienen hat. Unter Bauwerk (Bauanlage, Bau) ist jede Anlage zu verstehen, die zu ihrer Herstellung ein gewisses Maß bautechnischer Kenntnisse erfordert und mit dem Grund und Boden in eine Verbindung gebracht wird. Ein Gebäude ist ein Bauwerk, durch das ein allseits umschlossener Raum entsteht. Ein Wohnhaus ist ein Gebäude, das zum überwiegenden Teil für Wohnzwecke verwendet werden soll. Bauwerber ist derjenige, auf dessen Auftrag und für dessen Rechnung ein Bau ausgeführt wird, Bauführer derjenige, der auf fremden Auftrag und für fremde Rechnung als Unternehmer ein Bauwerk tatsächlich herstellt (Erkenntnis des Verwaltungsgerichtshofes vom 7. Juni 1955, Zl. 532/53). Bauarbeiten geringerer Art kann nach einzelnen Bauordnungen der Bauherr auch selbst oder mit eigenen Hilfskräften durchführen.

Als befugte Bauführer kommen in Betracht:

Der Baumeister, der Maurermeister, der Steinmetzmeister, der Zimmermeister und der Brunnenmeister nach den Bestimmungen des Gesetzes vom 26. Dezember 1893, RGBl. Nr. 193, betreffend die Regelung der konzessionierten Baugewerbe *(Baugewerbegesetz)*. Der Baumeister ist berechtigt, Hochbauten und verwandte Bauten mit Vereinigung der verschiedenen Baugewerbe zu leiten und mit eigenem Hilfspersonal auszuführen. In jenen Orten jedoch, welche vom Bundesministerium für Inneres im Einvernehmen mit dem Bundesministerium für Handel und Wiederaufbau mit Zustimmung der Landesregierung als ausgenommen erkannt werden, hat sich der Baumeister bei der Ausführung von Bauten, rücksichtlich jener Arbeiten, welche in das Fach der Zimmer-, Steinmetz- und Brunnenmeister einschlagen, der zu den betreffenden

Arbeiten berechtigten Gewerbeinhaber zu bedienen und kann die oben genannten Arbeiten nur dann selbst ausführen, wenn er die Konzession für die betreffenden Gewerbe erworben hat. Für jene Arbeiten, welche in den Berechtigungsumfang eines konzessionierten oder handwerkmäßigen Gewerbes gehören, das bei einem Bau in Anwendung kommt (Tischler, Schlosser, Glaser, Anstreicher und Spengler), hat sich der Baumeister ausnahmslos der zu den betreffenden Arbeiten berechtigten Gewerbeinhaber zu bedienen.

Die Zivilingenieure für den Hochbau und die Zivilingenieure für das Bauwesen nach dem Bundesgesetz vom 18. Juni 1957, BGBl. Nr. 146, über die staatlich befugten und beeideten Architekten, Ingenieurkonsulenten und Zivilingenieure *(Ziviltechnikergesetz)*. Für sie gelten bei ihrer ausführenden Tätigkeit sinngemäß die Beschränkungen, die für Baumeister hinsichtlich der Verwendung von befugten Gewerbetreibenden, insbesondere nach den Bestimmungen des Baugewerbegesetzes, bestehen.

Von dem Grundsatz, daß sich jeder Bauherr bei der Ausführung von Bauarbeiten eines befugten Bauführers zu bedienen hat, besteht für Bauten des Bundes und der Länder eine Ausnahme auf Grund der Verordnung über die baupolizeiliche Behandlung öffentlicher Bauten vom 20. November 1938, DRGBl. I S. 1677, für Bauten des Bundes auch dort, wo diese Verordnung durch spätere Landesgesetze außer Kraft gesetzt wurde. Dies ergibt sich meines Erachtens aus der Bestimmung dieser Verordnung, daß Bauten des Bundes und der Länder dann keiner Bau- und Benützungsbewilligung bedürfen, wenn sie unter der Leitung von Beamten des höheren bautechnischen Dienstes dieser Körperschaften bearbeitet und ausgeführt werden. Denn die Vorschrift der Landesbauordnungen, daß sich der Bauherr eines befugten Bauführers zu bedienen hat, kann doch nur den Sinn haben, daß Bauarbeiten von fachkundigen Personen ausgeführt werden sollen, da ein nicht sachgemäß hergestellter Bau Gefahren für die Benutzer des Bauwerkes und für die Allgemeinheit herbeiführen kann. Wenn aber die von bestimmten Körperschaften des öffentlichen Rechtes vorgenommenen Bauführungen keiner Baubewilligung, keiner baupolizeilichen Überwachung und keiner Benützungsbewilligung bedürfen, wenn sie unter fachkundiger Aufsicht geplant und ausgeführt werden, dann wäre es sinnlos, für derartige Bauführungen noch die Beiziehung eines befugten Bauführers zu verlangen.

Für die bei Bauarbeiten tätigen Dienstnehmer ist die Verordnung vom 10. November 1954, BGBl. Nr. 267, über Vorschriften zum Schutze des Lebens und der Gesundheit von Dienstnehmern bei Ausführung von Bauarbeiten, Bauneben- und Bauhilfsarbeiten von Bedeutung. Die Bestimmungen dieser Verordnung gelten für die Ausführung von Bauarbeiten jeder Art, einschließlich der Bauneben- und Bauhilfsarbeiten auf Baustellen durch Betriebe, die gemäß den Bestimmungen des Arbeitsinspektionsgesetzes, BGBl. Nr. 194/1947, in der jeweils geltenden Fassung, der Aufsicht der Arbeitsinspektion unterliegen. Sie gelten daher auch bei Bauführungen durch Zivilingenieure für den Hochbau. Bei den unter den Geltungsbereich dieser Verordnung fallenden Arbeiten gelten, sofern die oben angeführte Verordnung nicht anderes bestimmt, auch die einschlägigen Vorschriften der Allgemeinen Dienstnehmerschutzverordnung, BGBl. Nr. 265/1951, in der jeweils geltenden Fassung.

G. Zusammenfassung

Die vorstehenden Ausführungen zeigen, daß das Baurecht in Österreich in einer Unzahl von Gesetzen und Verordnungen geregelt und daher selbst von Kennern der Materie kaum noch zu übersehen ist. Baurechtliche Vorschriften finden sich in Bundesgesetzen und in Landesgesetzen. Sie sind zum Teil österreichisches Rechtsgut, zum Teil entstammen sie noch dem deutschen Rechtskreis. Neben modernen Vorschriften (Wiener Garagengesetz vom 27. September 1957) gibt es noch solche aus der Mitte des vorigen Jahrhunderts (Bauordnung für Steiermark vom Jahre 1857). Die Schaffung eines einheitlichen Baurechtes für ganz Österreich ist ohne Verfassungsänderung nicht möglich. Aber auch unter Beachtung der gegebenen verfassungsrechtlichen Situation wäre eine wesentliche Vereinfachung durchaus möglich. Sie kann in der Weise geschehen, daß die einzelnen Länder eine inhaltlich gleiche Regelung treffen, wie dies zum Teil bereits der Fall ist. (Die Bauordnungsnovellen Oberösterreichs aus dem Jahre 1946 lehnen sich weitgehend an die Bestimmungen der Bauordnung für Wien an.) Unterschiedliche Rechtsvorschriften für große Siedlungen (Städte, Märkte) und kleine Siedlungen (Ortschaften) sind nicht nur sachlich gerechtfertigt, sondern auch notwendig. Dagegen sind Unterschiede in den bautechnischen Vorschriften nicht gerechtfertigt. Die Technik ist in ganz Österreich die gleiche. Die Gesetze der Statik gelten in Wien genau so wie in Vorarlberg. Das gleiche gilt hinsichtlich des Feuerschutzes, der Belichtung und der Belüftung. Was aber jedenfalls nottut, ist die Beseitigung der ehemaligen deutschen Rechtsvorschriften und der überalterten österreichischen Vorschriften, mit welchen die modernen Aufgaben des Baurechtes nicht mehr gemeistert werden können.

GPSR Compliance
The European Union's (EU) General Product Safety Regulation (GPSR) is a set of rules that requires consumer products to be safe and our obligations to ensure this.

If you have any concerns about our products, you can contact us on

ProductSafety@springernature.com

In case Publisher is established outside the EU, the EU authorized representative is:

Springer Nature Customer Service Center GmbH
Europaplatz 3
69115 Heidelberg, Germany

www.ingramcontent.com/pod-product-compliance
Ingram Content Group UK Ltd.
Pitfield, Milton Keynes, MK11 3LW, UK
UKHW042058021026
15589UKWH00001B/48
9783709146712